P9-AGA-123

Tt

Maria Puchol

WITHDRAWN

Abdo
EL ABECEDARIO
Kids

abdopublishing.com

Published by Abdo Kids, a division of ABDO, PO Box 398166, Minneapolis, Minnesota 55439.
Copyright © 2018 by Abdo Consulting Group, Inc. International copyrights reserved in all countries.
No part of this book may be reproduced in any form without written permission from the publisher.

Printed in the United States of America, North Mankato, Minnesota.

102017
012018

 THIS BOOK CONTAINS
RECYCLED MATERIALS

Photo Credits: iStock, Shutterstock

Production Contributors: Teddy Borth, Jennie Forsberg, Grace Hansen

Design Contributors: Christina Doffing, Candice Keimig, Dorothy Toth

Publisher's Cataloging in Publication Data

Names: Puchol, Maria, author.

Title: Tt / by Maria Puchol.

Description: Minneapolis, Minnesota : Abdo Kids, 2018. | Series: El abecedario |
        Includes online resource and index.

Identifiers: LCCN 2017941882 | ISBN 9781532103209 (lib.bdg.) | ISBN 9781532103803 (ebook)

Subjects: LCSH: Alphabet--Juvenile literature. | Spanish language materials--Juvenile literature. |
        Language arts--Juvenile literature.

Classification: DDC 461.1--dc23

LC record available at https://lccn.loc.gov/2017941882

Contenido

La Tt

Talia es **t**ímida y se **t**apa

los ojos.

La Tt

En Tanzania tienen terremotos pero no están tristes.

La Tt

Toni habla por un teléfono especial con Tomás.

La Tt

Tatiana tiene un triciclo.

La Tt

La obra de **teatro** de *La isla del tesoro* es esta tarde.

13

La Tt

Tiago come espaguetis con tomate con el tenedor.

La Tt

El **t**ío de **T**amara **t**rabaja con **t**ijeras.

La Tt

Teresa está tranquila aunque se torció el tobillo.

La Tt

¿Con qué se mide la temperatura?

(con un **t**ermóme**t**ro)

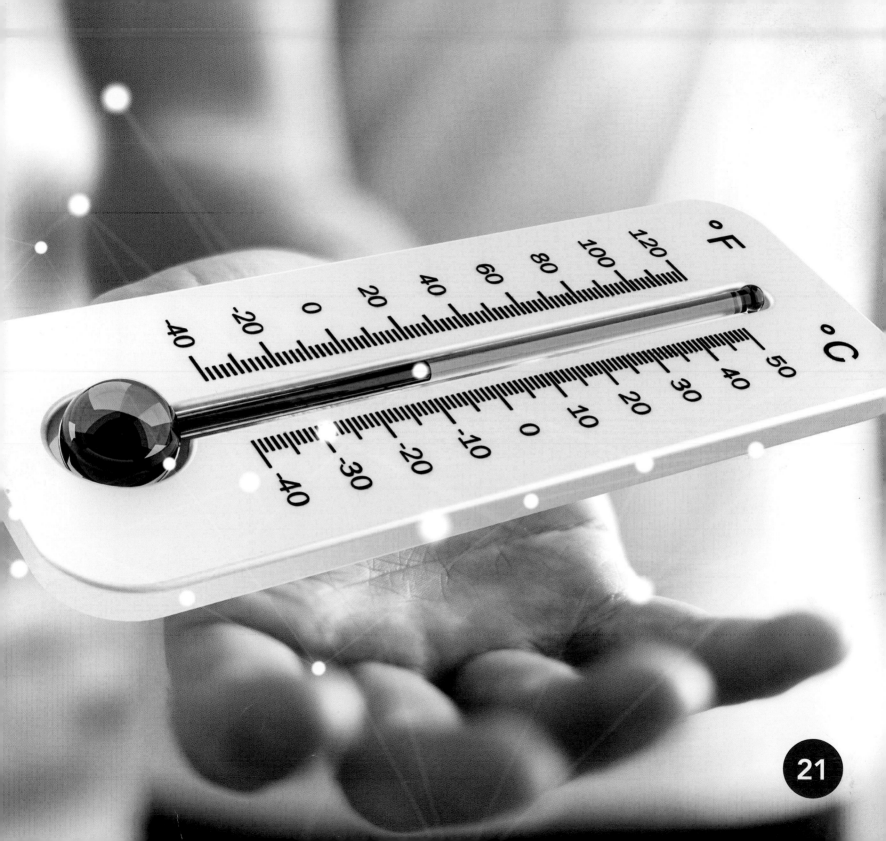

Más palabras con Tt

tostadora

telescopio

trompeta

Tailandia

Glosario

teatro
historia con personajes y diálogos
representada en un escenario
con público.

temperatura
calor o frío que hace en un
lugar. También es el calor del
cuerpo humano.

Índice

abdokids.com

¡Usa este código para entrar en abdokids.com y tener acceso a juegos, arte, videos y mucho más!

Código Abdo Kids:
EAK2998